RUDOLF TREICHLER

Schlafen und Wachen

STUDIEN UND VERSUCHE

Eine anthroposophische Schriftenreihe

22

RUDOLF TREICHLER

Schlafen und Wachen

Vom rhythmischen Leben des Ich

VERLAG FREIES GEISTESLEBEN

CIP-Kurztitelaufnahme der Deutschen Bibliothek

Treichler, Rudolf:
Schlafen und Wachen: vom rhythm. Leben d. Ich /
Rudolf Treichler. – Stuttgart: Verlag Freies
Geistesleben, 1985.
(Studien und Versuche; 22)

ISBN 3-7725-0052-8

NE: GT

Die vorliegende Studie ging aus einer Überarbeitung und Erweiterung eines Aufsatzes hervor, der 1970 in der Zeitschrift »Beiträge zu einer Erweiterung der Heilkunst«, Heft 1, erschienen ist.

Einband: Walther Roggenkamp

Gesamtherstellung: Greiser, Rastatt

Inhalt

Zeitliche Aspekte

Der rhythmische Wechsel von Schlafen und Wachen ist von grundlegender Bedeutung für unser Ich. Durch Schlafen und Wachen erlebt das Ich zweierlei Bewußtseinszustände. Indem diese Bewußtseinszustände in rhythmischen Austausch treten, wird die Grundlage geschaffen für das sich ausatmende und einatmende Leben des Ich, jenes Wesensgliedes des Menschen, das stets nach dem rhythmischen Ausgleich von Polaritäten, nach einem dynamischen Gleichgewicht strebt.

Jegliches Bewußtsein ist verbunden mit Abgrenzung und mit dem Erlebnis dieser Abgrenzung. Verwischt sich die Grenze zur Welt, zum Beispiel in einem Dämmerzustand, so hat der Mensch zugleich auch sein bisheriges Bewußtsein verloren. Er hat dafür ein diffuses Bewußtsein erhalten, durch das sich das Ich wie ausgeatmet in die Welt erleben kann. Eine weitere Steigerung tritt ein, wenn der Zustand der Bewußtseinsdämmerung in den Zustand der Bewußtseinsnacht einmündet. Nun ist jegliche Grenze zur Welt verlorengegangen. Das Ich ist ganz ein Teil der Welt geworden, der als solcher nichts mehr von sich selber und von der Welt weiß. – Im Tagesbewußtsein dagegen kann sich das Ich dann wie «eingeatmet» erleben. Im Leibe sich empfindend, stellt es sich erkennend und wollend der Welt gegenüber.

Geht man, Schilderungen *Rudolf Steiners* folgend[1], in der Menschheitsentwicklung zurück, so gelangt man zu einem Bewußtseinszustand des Menschen, welcher dem oben angedeuteten Dämmerzustand entspricht. Mensch und Welt waren damals nicht so scharf wie heute voneinander getrennt, aber auch Schlafen und Wachen gingen bei jenem mittleren Bewußtseinszustand mehr ineinander über. Bewegt man sich dann wieder vorwärts bis zur Gegenwart, so scheiden sich Mensch und Welt, Schlafen und Wachen immer entschiedener voneinander.

Nicht durch eine einseitige Steigerung des Wachzustandes also kommt das Ich zu sich. In einem immerwährenden Wachzustand könnte es sein Leben ebensowenig aufrechterhalten wie es in einem immerwährenden Schlafzustand zu sich erwachen könnte. Erst im rhythmischen Wechsel von Wachen und Schlafen vermag das Ich sein Leben zu gestalten, und je mehr sich die beiden Bewußtseinszustände voneinander abgrenzen, desto mehr wird es sich seines Lebens bewußt. Der Wechsel von Wachen und Schlafen gehört zum Dasein des Ich, so wie der Wechsel von Tag und Nacht zum Dasein der Sonne im irdischen Bereich.

Zwischen Vergehen und Entstehen entfaltet sich das Leben des Ich. Das Phänomen der Diskontinuität gehört ebenso zu diesem Leben wie das Phänomen der Kontinuität. *Diskontinuität* erlebt das Ich, indem es im Rückblick auf sein Leben in der Zeit die «leeren Stellen» der Nächte wahrnimmt. Es gewinnt dadurch zwar nichts für die Inhalte seines Bewußtseins, aber dieses Bewußtsein wird dadurch «innerlich befestigt»[2]. Das Erlebnis des Nicht-Bewußtseins der Nächte stärkt das Seinsgefühl unseres Ich, das nicht im bewußten, sondern im unterbewußten Seelenleben, letzten Endes im Leibe wurzelt. Das kann jeder Mensch erfahren, wenn er auf seine Nächte zurückblickt. Er kann dann folgendes erkennen: Für diese Zeit weiß ich nichts von mir, und doch habe ich auch in dieser Zeit weitergelebt. Mein Leben gründet also tiefer als mein Bewußtsein. Es hat seine Grundlage in meinem lebenden Leib, der mich während des Schlafes im irdischen Bereich repräsentiert.

In der Psychose verliert der außer sich geratene Kranke mehr oder weniger die Verbindung zu seinem physischen Leib. Er verliert damit zugleich das gesunde Seinsgefühl seines Ich. Es steht mit dieser Situation in Zusammenhang, daß solche Kranke manchmal auch das *Schlafgefühl* verlieren. Sie klagen am Morgen darüber, keinen Augenblick geschlafen zu haben, obwohl tatsächlich ein tiefer Schlaf bei ihnen zu beobachten war. Ihr Ich hat nicht den Schlaf, wohl aber die Empfindung für ihn eingebüßt. Die leeren Stellen der Nächte gewinnen für das Ich keinen Realitätscharakter mehr, da ihm die Verbindung zum lebenden Leib mehr oder weniger abhanden gekommen ist.

Das Erlebnis der Diskontinuität wird dem Ich immer wieder geschenkt. Das Erlebnis der *Kontinuität* muß es sich stets neu erringen. Durch die «Kontinuität des Bewußtseins», die das Ich mittels der Erinnerung herstellt, kommt es zugleich zu sich[3]. Erst wenn wir uns beim Aufwachen erinnern können, wie wir in den betreffenden Raum kamen, wann wir einschliefen usw., sind wir ganz wach geworden. Der Zwischenzustand, in dem wir uns daran noch nicht erinnern, aber schon teilweise wach sind, kann als quälend empfunden werden. Das Ich ist noch nicht ganz zu sich gekommen und erlebt zugleich bedrängend-intensiv die Gegenstände der Umwelt, von denen es sich noch nicht ganz abgrenzen kann.

Stellt man sich diesen kurzen *Dämmerzustand,* den man beim eigenen Erwachen beobachten kann, ausgeweitet und gesteigert vor, so gelangt man zum Erlebnis des krankhaften Dämmerzustandes, wie er sich beim Epileptiker einstellen kann. Während bei der mangelnden Schlafempfindung die Beziehung des Ich zur Nacht des Bewußtseins gelitten hat, gibt hier die Umnachtung des Bewußtseins das Ich nicht frei.

Jedes Vergessen ist letzten Endes ein kleines Einschlafen, jedes Erinnern ein kleines Aufwachen des Ich. Beide Vorgänge sind für das Leben des Ich notwendig. Kein Ich, das alles vergessen hat, kann mehr zu sich kommen. Aber es könnte auch kein Ich leben, das ständig alles in der Erinnerung trüge.

Der 24-Stunden-Rhythmus von Schlafen und Wachen ist ein Ich-Rhythmus[4]. Alle Bewußtseinsprozesse des Ich sind in ihm gegründet und münden in ihn ein.

Räumliche Aspekte

Die Frage, wie sich das zeitliche Sein des schlafenden und wachenden Ich zu seinem räumlichen Sein am Tag und in der Nacht verhält, ist zugleich die Frage nach dem Dasein des Ich im Leib. Durch den physischen Leib verbindet sich das Ich mit dem Raum, durch ihn kommt es aber auch zu sich. Ist der Mensch während des Schlafes nicht mehr bei sich, so hat sein Ich auch jene Verbindung zum Leib und zum Raum verloren; es ist, wie schon erwähnt, ein Teil der Welt geworden. Aber diese Welt ist nicht die räumliche Welt. Die Sphären, in welche der Geistesforscher den Weg des Ich im Schlaf verfolgt, haben keine räumlichen Abgrenzungen. So erfährt das Ich auch zunächst nichts von ihnen und nichts von seinem Dasein in diesem Reich.

Ist aber nun der Leib einfach vom Ich verlassen, sich selbst überlassen? Er erholt sich während des Schlafes, ein neuer Aufbau vollzieht sich in ihm. Aber ist dies nicht ein ganz individueller, dem Ich gemäßer Aufbau? Ist nicht das Ich (und mit ihm der Astralleib) während des Schlafes in erhöhtem Maß schöpferisch im Leibe tätig? Und doch – das gehört zu den ersten Schilderungen des Geistesforschers – haben Ich und Astralleib den physischen Leib des Schlafenden verlassen.

Untersuchen wir zunächst die Situation des Ich (und des Astralleibes), wie sie sich am Tag darbietet, so kommen wir zu folgender Feststellung: Das Ich ist ebensowenig am Tag einfach anwesend, wie es nachts einfach abwesend zu denken ist. Es ist tagsüber im Nerven-Sinnes-System anders anwesend als im Stoffwechsel-Gliedmaßen-System. Im Kopf, dem Zentrum des Nerven-Sinnes-Systems, ist das Ich unabhängiger von den Lebensprozessen des physischen Leibes, daher kommt es dort am meisten zu sich und kann sich am entschiedensten der Welt gegenüberstellen. Im unteren Menschen, dem Zentrum des Stoffwechsel-Gliedmaßen-Systems, ist das Ich dagegen innig mit den Lebensprozessen verbunden[5]. Es wird durch sie zu einem Teil der Welt, der sich seiner selbst nicht ohne weiteres bewußt werden kann. Sinnlich erkennbar ist es zunächst die Welt der ernährenden Stoffe, mit der das Ich sich auf unbewußte Weise verbindet. Darüber hinaus jedoch ist es die Welt der kosmischen, der geistigen Kräfte und Wesen, von der unser unterbewußtes Seelenleben manchmal etwas ahnen läßt.

In den Nerven- und Sinnesorganen kommt das freie Ich in

direkte Berührung mit dem dort weitgehend erstorbenen physischen Leib. Wahrnehmungs-, Bewußtseinsvorgänge glänzen dadurch auf. Der Schatten, den sie werfen, ist der Abbau des physischen Leibes, wie ihn jeder Bewußtseinsprozeß mit sich bringt. Im Stoffwechsel wird das untergetauchte schöpferische Wirken des Ich von den anderen Gliedern des übersinnlichen Menschenwesens, dem Seelen- und Lebensleib aufgefangen[6]. Willenskräfte flammen hier aus den gesteigerten Wärmeprozessen, die aus dem Blut heraus den Aufbau des Leibes einleiten. Dafür tritt das Bewußtsein des Kopfes, wir dürfen nun auch sagen, des Tages zurück. In der Stoffwechselregion des Willens ist es immer Nacht, dort schläft das Ich auch am Tage. Aber ist es deshalb weniger tätig?

Der Wille läßt uns die Aktivität des Ich unmittelbar erleben, die wir am ichgemäßen Aufbau zunächst nur ablesen. Die Willenstätigkeit, die aus den Schlafestiefen unseres Organismus aufsteigt, richtet sich jedoch nach einem Ziel, sie verbindet sich mit einer Vorstellung. Damit hängt es zusammen, daß mit den Stoffwechselvorgängen des Willens auch Abbau verbunden ist, der sich in der inneren Verbrennung ausdrückt[7]. Es pflegt nur *dieser* Abbauprozeß beim gesunden Menschen einen überwiegenden Aufbau anzuregen. Andererseits sind aber auch Willensprozesse im Vorstellen tätig: Kein zielgerechter Gedankengang würde sich vollziehen, wenn der Wille die Vorstellungen nicht in Bewegung brächte. Grundlage für solche Vorgänge bilden die Aufbauprozesse des Blutes, die dem Gehirn das Leben vermitteln. Diese werden dort jedoch von den abbauenden Bewußtseinsprozessen ebenso übertönt, wie die abbauenden Prozesse des Stoffwechsels bei der Willensbildung vom Aufbau übertönt werden.

Vom Kopf aus verklingt der Abbau in die Tätigkeit des

unteren Menschen hinein, im Kopf verklingt der Aufbau, der von unten kommt. So stehen sich beide Pole nicht starr gegenüber, sondern durchdringen sich mit ihren Auswirkungen. In der Mitte kommen sie zum Ausgleich. Der dort herrschenden Dämmerung des Bewußtseins entspringt das Fühlen, welches das traumhafte Bewußtsein des Dämmerzustandes zur Grundlage hat. Dort verbinden sich Abbau und Aufbau, Tag und Nacht des Organismus, indem bald mehr der eine, bald mehr der andere Pol anklingt. In der Systole atmet das Herz für einen Augenblick mit dem Blut sein Leben weitgehend aus, in der Diastole atmet es mit dem Blut wieder Leben ein. Die Systole des sich zusammenziehenden, sich abschließenden Herzens steht daher zum Kopf, die Diastole des sich ausdehnenden, sich öffnenden Herzens zum Stoffwechselpol in Beziehung[8a]. In der Einatmung der Lunge, die – besonders durch den Sauerstoff – eine Impulsierung des Stoffwechsels bewirkt, verbinden sich Ich und Astralleib tiefer mit dem Leib, in der Ausatmung, die durch die Kohlensäure zu den Vorgängen des Kopfes in Beziehung tritt, lösen sie sich wieder mehr von ihm los[5].

Dieses Ineinanderklingen beider Wesenspole des Menschen, das in der Mitte zum rhythmischen Austausch führt, wird von dem größeren Rhythmus «Tag – Nacht» überlagert. «Es findet eine fortwährende rhythmische Tätigkeit zwischen dem oberen und dem unteren Menschen statt, die . . . in größeren Rhythmen eingefangen wird durch die Abwechslung von Schlafen und Wachen.»[9] Nach dem oben Ausgeführten kann nun kein Zweifel mehr sein, daß tags der Kopf über den unteren Menschen dominiert, daß nachts die Tätigkeit des unteren Menschen vorherrscht. Wachen und Schlafen, auf der zeitlichen Ebene rhythmisch einander folgend, sind auf der räumlichen Ebene am oberen und am unteren Pol des physischen Organismus zentriert. Indem sie aufeinander wirken, gliedern sie sich in den Rhythmus der zeitlichen Ebene ein.

Beim Wachen gibt der Kopf den Ton an. Daß jedoch dieser Ton ein lebendiger Ton wird, dazu benötigt er, wie die lebendigen Töne der Musik, die Untertöne der übrigen Bewußtseinszustände. Im Schlaf breitet sich die aufbauende Tätigkeit des Stoffwechsels über den ganzen Organismus aus. Dabei erlischt neben dem Vorstellen und Fühlen auch jede Regung des Willens, genauer gesagt, jenes Willens, der sich auf ein Ziel in der Welt richtet. Der schöpferische Wille des Ich im Aufbauprozeß des Leibes ist dagegen sogar noch gesteigert. Die formenden Ichkräfte des oberen Poles dienen nun nicht mehr dem Denken, sondern der Gestaltung des individuellen Aufbauprozesses. Und doch ist der physische Leib zu jener Zeit vom Ich verlassen?

Das Ich im Leib und außerhalb des Leibes

Die Betonung des Stoffwechselpoles im Schlaf rührt, wie *Rudolf Steiner* darstellt, davon her, daß Ich und Astralleib beim Einschlafen nur die «Hauptesorganisation» verlassen, die «Stoffwechsel- und Zirkulationsorganisation» jedoch um so intensiver «durchdringen»[10]. Wie kann man sich dies vorstellen, da es ja nur *ein* Ich gibt? Die Vorstellung: das Ich teilt sich, ein Teil geht oben heraus, ein Teil geht unten herein, würde ja dem Wesen des letzten Endes unteilbaren *Ich* völlig zuwiderlaufen.

Die Lösung dieses Rätsels bringt uns eine Erweiterung unserer Untersuchungen bis in die Regionen der geistigen Welt, zu denen sich das Ich jedes Menschen im Schlaf erhebt. Durch die Schilderungen *Steiners,* denen wir mit unserem lebendigen Denken folgen wollen, kann auch manches von dem, was wir beim Einschlafen und Aufwachen, was wir im Schlaf erleben, sich aufhellen. Wir schlagen damit einen Weg ein, in dessen Verlauf die ausgeprägte Polarität von Schlafen und Wachen sich wieder auszugleichen beginnt. In den Schlaf leuchtet Bewußtsein hinein, etwas vom spirituellen Leben des Schlafes teilt sich dem Tag mit. Ein neuer mittlerer Zustand dämmert auf, der jedoch nicht wie früher dem Menschen geschenkt wird und mit einer Herabdämpfung des Bewußtseins verbunden ist, sondern der vom Ich durch eine Intensivierung des Bewußtseins errungen werden muß.

Das Ich des Menschen kann sich nicht nur im Kopf ein Bild von der geistigen Welt machen, es lebt nicht nur durch den übrigen Organismus mehr oder weniger unmittelbar verbunden mit der geistigen Welt. Das eigentliche, das *höhere Ich* des Menschen urständet vielmehr ganz in dieser geistigen Welt. Es lebt immer außerhalb des Leibes, seine eigene Welt ist die Welt des Geistes, aus der es sich mehr oder weniger im Leib verkörpert. Was wir als Ich tags im Leib und durch den Leib erleben, ist letztlich nur die Ausstrahlung dieses höheren Ich, das sich in differenzierter Weise mit dem Leib vereinigt hat. Im Kopfbereich kann uns dies zum Bewußtsein kommen, aber: «Der Mensch nimmt nicht sein wirkliches Ich wahr, sondern die Rückstrahlung.»[11]

Wie wir schon sahen, verbindet sich das Ich im Kopfbereich anders mit dem Leib als im Stoffwechselbereich. Die Verbindung des Ich im Kopfbereich führt dort zu einer Art von

Spiegelung, führt hingegen im Stoffwechsel dazu, daß das Ich als aus dem Leib heraufwirkend in seiner Wirklichkeit erlebt wird. Aber auch hier handelt es sich letztlich um eine Einstrahlung des eigentlichen Ich, die hier nur nicht zur Spiegelung und zum Bewußtsein, sondern zur Durchdringung und zum Leben führt. Um nun das «Zusammenkommen» des unten und oben anders lebenden Körper-Ich «mit dem, was von außen kommt», bildhaft werden zu lassen, wählt *Rudolf Steiner* das Bild der Schlange, die sich in den Schwanz beißt[11]. Bringen wir den von *Steiner* gezeichneten *Schlangenkreis* mit dem menschlichen Leib in Verbindung, wie ihn ebenfalls Steiner gezeichnet hat[17], so kommen wir zunächst zum nachfolgenden Bild, das zugleich die Situation des Tages wiedergibt.

Der Tag

Der Schlangenkopf ist Bild für das, was an Ich-Tätigkeit vom Kopf des Menschen ausgeht; der Schwanz der Schlange faßt zusammen, was vom unteren Menschen zum Kopf hinaufwirkt. Das höhere Ich haben wir als Stern in den die geistige Welt durchlaufenden Schlangenleib hineingezeichnet, seine beiden Ausstrahlungen, die den beiden Hälften des Schlangenleibes entsprechen, durch Pfeile angedeutet. Die Ausstrahlungen werden zu Einstrahlungen im Schlangenkopf bzw. im Schwanz der Schlange, die zusammen das denkende, fühlende und wollende Erden-Ich verbildlichen. (In der Zeichnung umrandet. Das fühlende Ich «dazwischen» ist nicht dargestellt.)

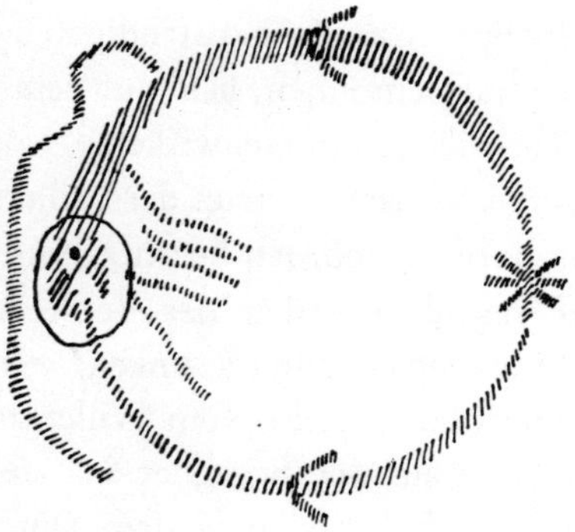

Um nicht die Vorstellung eines starren Ich-Kreises entstehen zu lassen, kann man ihn sich als Lichtkreis vorstellen, der, kleiner oder größer, weniger oder mehr Welt umfassend, mit anderen Lichtkreisen, d. h. Ich-Kreisen sich berührt, sie durchdringt und der ganzen Welt durch seine Leuchtkraft sich mitteilt. Damit sei zugleich der sphärische Charakter des Ich-Seins in der Welt angedeutet, der durch die Figur des Kreises zum Zweck der Verdeutlichung eine Einengung erfährt. Und natürlich ist auch der Lichtkreis, der sich zur Sphäre erweitert, wieder nur Bild für das immaterielle und unräumliche Wesen des Ich, das in die räumliche Welt jeweils seine Einstrahlungen sendet.

Die *Einheit des Ich*, nach der wir vorhin fragten, ist an zwei Stellen des Ich-Kreises abzulesen: 1. in der geistigen Welt, da, wo das höhere Ich (der Stern) die unmittelbare Einheit darlebt. 2. an dem labilen Gebilde «Schlangenkopf – Schwanz der Schlange». Letzteres macht anschaubar, daß es sich beim Erden-Ich des Menschen nicht um eine statische Einheit handelt, die immer gegeben ist, sondern um eine dynamische

Einheit, die in der Sphäre des Leibes ständig neu entsteht. Der Akzent ruht bald auf dem einen, bald auf dem anderen Pol, stets aber müssen beide zusammenwirken.

Aus dem unteren Menschen steigt der Wille auf. Es steigt jedoch auch von dort die vom Ich heraufgeholte, ich-erfüllte Erinnerung auf, nachdem vorher der Vorstellungskomplex dort aus dem Kopfgebiet untergesunken, «eingeschlafen» war[11]. Das Erinnern kommt also vom Willenspol, wacht im Kopf zur Vorstellung auf und begegnet dort der neuen Sinneswahrnehmung. «Ich kann zu keinem Ding, zu keinem Vorgang eine Beziehung haben, wenn nicht in mir eine Vorstellung auftritt.»[12] Eine der Wurzeln dieser Vorstellungsbildung ist der Erinnerungsprozeß, der das Neue zu früher Erfahrenem in Beziehung setzt. Das Ich kann nicht an der Welt zu sich erwachen ohne solche Begegnungen, die durch das Sich-Erinnern jedesmal eine Selbstbegegnung in sich schließen. Das Ich wirkt wollend bis in das Vorstellen, wirkt vorstellend bis in das Wollen hinein. Durch den Ausgleich der Polaritäten kommt es immer neu zum Erlebnis seiner Einheit.

In krankhaften Zuständen, bei der schizophrenen Psychose z. B., kann diese Einheit weitgehend verlorengehen. Im schizophrenen *Stuporzustand*, bei dem der Kranke ohne erkennbare körperliche oder seelische Regung in seinem Bett liegt, ist das Ich fast nur noch wahrnehmend und vorstellend mit Welt und Leib verbunden. Der Kranke nimmt alles um sich herum wahr, entwickelt jedoch kaum mehr Gefühls- und Willenstätigkeit. Er erlebt sich selbst dann auch oft nicht mehr als Einheit, oder er handelt nicht mehr als solche. Im *Tobsuchtsanfall* der schizophrenen Kranken lebt dagegen fast nur noch wollende Ich-Tätigkeit, die jede Zielvorstellung vermissen läßt. Auch hierbei kann das Erlebnis der Ich-Einheit verlorengegangen sein. Daß man letzten Endes auch bei solchen Zuständen das Ich des Kranken als ein Ganzes zu empfinden vermag, rührt davon her, daß auch hierbei im Hintergrund, d. h. in der geistigen Welt die Einheit des höheren Ich lebt und nur der Empfang seiner Einstrahlungen im irdischen Sein behindert, «verrückt» worden ist[13].

Bezogen auf den physischen Leib sagt das Schlangenbild, daß die von oben kommende, wahrnehmend-vorstellende Ich-Tätigkeit, die dem Schlangenkopf entspricht, an all dem zehrt, was aufbauend von unten aufsteigt, letztlich am Leben des Leibes. Die umrandete Vereinigung von Schlangenkopf und Schwanz der Schlange, die die Einheit des Ich verbildlicht, sagt uns zugleich, daß dieses Ich Aufbau und Abbau, Entstehen und Vergehen mit seinem Wesen umgreift. Was für das Ich im unteren Leibesbezirk ein Neuentstehen bedeutet – der Schlaf –, das bedeutet für das Ich im Kopf ein Vergehen. Umgekehrt verhält es sich beim Wachzustand. Beides zusammen ergibt erst das Wesen unseres Erden-Ich, wobei der Schlangenkopf während des Wachens dominiert: der Schwanz der Schlange wird von ihm verschlungen.

Schlafen und Wachen als Ich-Bewegung

Beim Einschlafen verläßt das ganze denkende, fühlende und wollende Erden-Ich den lebenden physischen Leib. Denn nicht *dieses* vorwiegend bewußte Erden-Ich gliedert sich unten stärker in den Leib ein. Die aufbauenden Wirkungen von Ich und Astralleib gehen von ihrem kosmischen, nicht von ihrem irdischen Sein aus. «Unser Ich und unser astralischer Leib wirken von außen mit den spirituellen Kräften des Kosmos auf uns zurück im Schlafzustand.»[14] Ich und Astralleib wirken dabei im Sinn des höheren Ich. Im Sinn unseres Bildes ist es die untere Ausstrahlung des höheren Ich, die, mit Ich und Astralleib verbunden, nunmehr stärker den Leib erfüllt, während vorher die obere Ausstrahlung dominiert hatte. Im Stoffwechsel-System verinnerlicht sich diese Ausstrahlung. Dort sind dann «von innen die Substanzkräfte tätig», «die von dem astralischen Leib und der Ich-Organisation bereitet werden»[15]. Durch die Substanzsprozesse des Stoffwechsel-Systems verbinden sich die im Kosmos weilenden Wesensglieder: der Astralleib und das Ich mit dem physischen Leib.

Zu einer weitergehenden Differenzierung führt folgende Schilderung *Rudolf Steiners.* Nach ihr verlassen während des Schlafes nur die drei Seelenglieder des Ich: Empfindungsseele, Verstandes-Gemütsseele und Bewußtseinsseele den physischen Leib. Der mehr mit diesem Leib und dem Ätherleib (Lebensleib) verbundene Astralleib im engeren Sinn, der *Empfindungsleib,* den in anderer Form auch das Tier hat, bleibt im schlafenden physischen Leib zurück[16]. Der Schwerpunkt seiner Tätigkeit verlagert sich dabei aus dem im Kopf bewußt werdenden Seelenleben zum Stoffwechselpol, wo er die Einwirkungen aus dem Kosmos empfängt und in den beseelten Aufbau des physischen Leibes überleitet. In erster Linie dient diesem beseelten Aufbau das Nierensystem, dessen aufbauende Komponente, die «Nierenstrahlung», gegenüber der abbauend-ausscheidenden Komponente während des Schlafes stärker wirksam ist[8b].

Das hier Gemeinte schließt sich zum bewegten Bild zusammen, wenn wir noch eine andere Schilderung Steiners vom

Schlafen und Wachen hier angliedern. Nach dieser Schilderung «gehen am Abend beim Einschlafen das Ich und der astralische Leib so heraus, daß sie sich gegen das Haupt zu herausbewegen. – Und am Morgen beim Aufwachen gehen das Ich und der astralische Leib wirklich durch die Gliedmaßen, durch die Finger, durch die Zehen wieder in den physischen Leib hinein. Es ist also die Sache so, daß eigentlich ein Kreis beschrieben wird». «So daß in der Tat der durchwachte Tag dazu benutzt wird, daß wir langsam von den Fingern und den Zehenspitzen aus unser Ich und unseren astralischen Leib hineinbringen in unseren physischen Leib und in unseren Ätherleib. Aber wirken tun sie darin schon von Anfang an, vom Aufwachen an, so daß man innerlich das Gefühl hat, man sei von ihnen ganz ausgefüllt.»[17]

R. Steiner zeichnet wieder einen Kreis, der diesmal die Wanderung von Ich und Astralleib durch Leib und Kosmos verbildlicht. Hinblickend auf das Wesen des Ich, das sich stets aus seinem sternhaften kosmischen Sein zur Einheit des Erden-Ich fügen will, dürfen wir uns nochmals den Ich-Kreis vorstellen, der sich nun zu bewegen beginnt. Der zeitliche und der räumliche Aspekt unseres Problems schließen sich zusammen. Die Atmung des Ich rundet sich zu einem Kreislauf.

Zeichnen wir jetzt nach der Situation des Tages die verschiedenen Stationen der Ich-Wanderung, so kommen wir zu folgenden Skizzen, bei denen die Pfeile nun die Bewegung des Ich-Kreises kenntlich machen. Nur der untere Pfeil bedeutet zugleich noch Einstrahlung in den physischen Leib, die obere Einstrahlung ist nicht mehr wiedergegeben. Der Stern des höheren Ich, von dem weiter der Ich-Kreis ausstrahlt, nimmt an der Bewegung des Kreises nicht teil.

Das Ich – auf unserer Zeichnung Kopf und Schwanz der Schlange – befindet sich im Kopfgebiet, wo es beim Einschlafen heraustreten wird (siehe Pfeil). In den Abendstunden, die heute bei den meisten Menschen in die Nacht hineinreichen, nimmt unser Ich primär eine vorstellend-betrachtende Haltung ein, innerhalb derer dann der von unten aufsteigende Wille tätig wird. Zugleich ist es dem Strom der Erinnerung und der Phantasie geöffnet, der aus dem Innern des Leibes in das Innere der Seele hinaufströmt. Am Abend sollte der Mensch auf den Tag zurückblicken, d. h. auf das, was als Erinnerung an diesen oder an vergangene Tage ihm bewußt wird, und was er, je nach seiner Natur, denkerisch, künstlerisch usw. verarbeiten kann. Was die Welt ihm abends an Neuem vermittelt, regt vorwiegend sein Innenleben an.

Mit der Gestalt des *Epimetheus* hat *Goethe* in seiner «Pandora» einen einseitig gewordenen Abendmenschen charakterisiert, bei dem es den ganzen Tag hindurch schon Abend ist. Hingelagert auf sein Ruhebett, verschwimmen ihm in der abendlichen, blau getönten Dämmerung seines Bewußtseins die Gegenstände seiner gegenwärtigen Umwelt. Sein Ich, vom träumenden Fühlen der Mitte getragen, lebt betrachtend-sinnend im Kopfgebiet. Dort ist es nicht der Welt, sondern dem Erinnerungsstrom geöffnet. Da der aufsteigende Strom vom Kopf beschworen wird, bleibt es bei der Vergangenheit, die zum Leben erwacht. Die Phantasietätigkeit des Abends dient hier der Erinnerung.

In der Gestalt des *Abends* hat *Michelangelo* jene Situation verbildlicht: Das sinnende, innerlich schauende Haupt der Gestalt ist zum hingelagerten Leib niedergeneigt, der sich

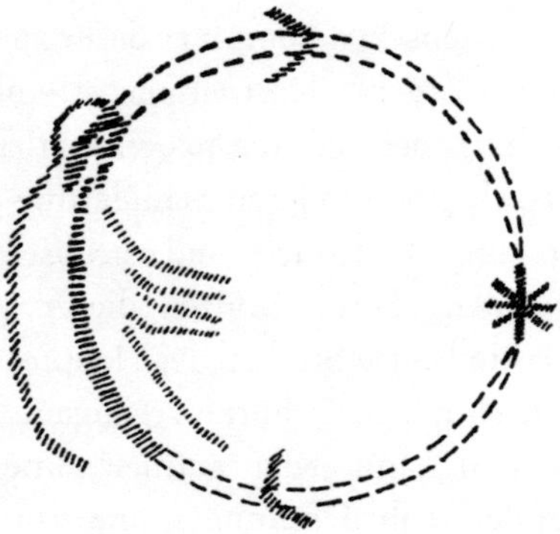

seiner Schwere hingibt wie das Haupt seinen Vorstellungen.

Das Ich, das tagsüber mit seinen vorwiegenden Abbauprozessen den ganzen Leib durchzogen hat, ist am Abend im Zentrum des Abbaus angelangt. Zunächst empfängt und verarbeitet es im abendlichen Aufschwung den Strom der Erinnerung und Phantasie. Dann aber erlahmt es im Kopf, und nun wird ihm durch den Kopf der Abbau bewußt: der Mensch fühlt sich müde. Das kann so weit gehen, daß er sich «todmüde» fühlt. Aber die Ermüdung mündet nicht, wie am Ende des Lebensabends, in den Tod, sondern in neues Leben.

Wir schlafen jedoch nicht ein, *weil* wir müde sind. «Wir wollen schlafen, und deshalb fühlen wir Ermüdung.»[18] Unser Ich wird nicht einfach vom Leib ausgeatmet, es löst sich aktiv von ihm los, um durch den Schlaf in die geistige Welt aufzusteigen. Der Abbau wird vom Ich bejaht und gewollt. Die Ermüdung zeigt ihm den Gipfel im Erleben des Abbaus an, der es in die geistige Welt entläßt.

Im Unterschied zum Sterben bleibt beim Einschlafen der Lebensleib mit dem physischen Leib verbunden, und die Exkarnation von Ich und Astralleib beschränkt sich auf den

Kopf. Im unteren Menschen kommt es dafür zu einem kosmischen Inkarnationsvorgang. Dort empfängt – über den Empfindungsleib – der Lebensleib die neuen Aufbauimpulse aus dem Kosmos. Nach einer anderen Schilderung *Steiners* werden die unteren aufbauenden Ich- und astralischen Kräfte von den hinausgehenden oberen Kräften dieser Wesensglieder angezogen[19]. Das teilweise Sterben des Hauptes ruft im unteren Menschen nach neuen Geburtsvorgängen.

Beim Einschlafen kann jeder aufmerksame Mensch das Verschwimmen der Wahrnehmungen und Vorstellungen bei sich beobachten. Es ist das Zeichen, daß sich das Ich aus dem Kopf zu lösen beginnt, daß nunmehr die Dämmerung aus dem traumhaften Bewußtseinszustand der mittleren Leibesregion in den Kopf aufgestiegen ist. Die Empfindung des Verschwimmens kann sich bis zum Erlebnis des Schwimmens steigern. Fühlt man sich dann wie von sanften Wellen gewiegt, so darf man sich wohl vorstellen, daß nun der Ätherleib, der primär im flüssigen Anteil des Leibes lebt, ungestört von Seele und Ich des Tages, das Einstrahlen kosmischer Astralität und Ichhaftigkeit in sich aufzunehmen beginnt.

Die zweifache Welle des Umrisses, wie sie die von *Michelangelo* geschaffene Gestalt der *Nacht* erkennen läßt, verrät uns etwas von diesem ätherisch-flüssigen Geschehen, das beim Einschlafen begonnen hat. Das tiefgesenkte Haupt der Gestalt ist ganz in die obere Welle eingebettet, die sich vom Arm zur Schulter wölbt, getragen von der größeren unteren Welle, die über Bein und Leib zur Schulter zieht.

Ich und Astralleib durchwandern die geistige Welt. Die gestrichelten Linien des Ich-Kreises innerhalb des physischen Leibes sollen den Aufbau aus dem Kosmos andeuten. Die gestrichelten Linien des Kreises außerhalb des Leibes sollen – wie auch auf der Skizze der Abendsituation – andeuten, daß hier keine räumlichen Grenzen mehr zu denken sind. Eine zeitliche Begrenzung ist durch die Dauer des Schlafes gegeben, die durchschnittlich ein Drittel der Zeit des Wachens beträgt. Daß auf unserer Zeichnung der nächtliche Teil der Ich-Wanderung größer ist als das im Leib verlaufende Kreissegment des Tages, möge uns auf folgende Tatsache hinweisen: In der geistigen Welt kehren sich gegenüber dem irdischen Sein die Verhältnisse um. So werden nun während des kleineren Zeitraumes der Nacht Zeiträume durchmessen, die viel größer sind als der Zeitraum des Tages.

Nach der Schilderung *Steiners* durchwandert das Ich während des Schlafes die Sternensphären und die Reiche der Hierarchien, die schon am Tag unser unterbewußtes schlafendes Seelenleben durchwirken. (Die Traumphasen des Schlafes, in denen Ich und Astralleib jeweils zum Ätherleib des Schlafenden zurückkehren, stellen kleine Unterbrechungen dieser Wanderung dar.) Auch das Erinnerungsgeschehen des Abends erfährt im Schlaf eine kosmische Ausweitung: Jeder schlafende Mensch wandert entgegen einem Strom von Erinnerungen, die bis zu seiner ersten Erdenverkörperung zurückreichen. Zuerst trifft er auf die letztvergangenen Ereignisse seines Lebens, zuletzt auf die Ereignisse seiner frühesten Erdenverkörperung. Mit Hilfe der himmlischen Hierarchien kommt es zu ersten Beurteilungen seiner Taten, und das Ich

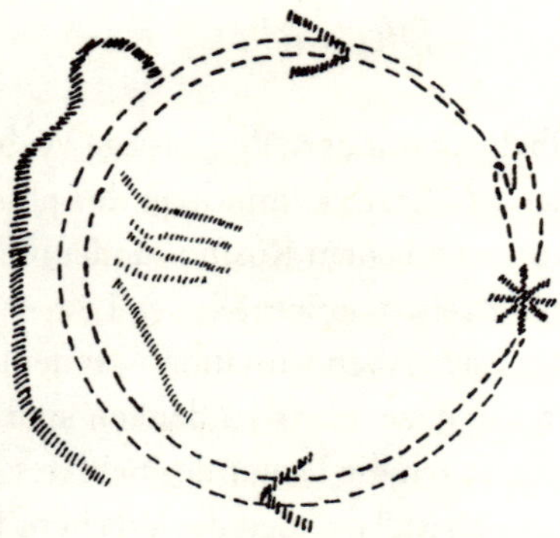

erwacht zu ersten Impulsen der Fortführung und Wiedergutmachung[17]. Nicht nur das Sterben und Geborenwerden hat im Einschlafen und Aufwachen ein Vorspiel, auch die große Wanderung des Menschen-Ich nach dem Tode, die bis in die fernste Vergangenheit führt und die Zukunft der späteren Verkörperungen vorbereitet, deutet sich im Schlaf des Menschen an.

Bei jeder Erinnerung begegnet der Mensch auch sich selbst. Das Erinnerungsgeschehen des Schlafes kulminiert ebenfalls in einer Selbstbegegnung. «In der Zeit vom Einschlafen bis zum Aufwachen, da kommt wirklich dieses Ich» (das Erden-Ich) «zu sich selber».[20] Das Ich des Schlafenden begegnet auf seiner Wanderung dem eigenen höheren Ich in Gestalt des Geistselbstes[21]. Jedes im Leibe lebende Ich, das sich im Schlaf aus dem Leib erhoben hat, vereinigt sich während des Schlafes mit dem höheren Ich, das wie ein Stern über dem irdischen Sein steht. Es kehrt jede Nacht zum Quell der Ausstrahlung zurück, aus dem es lebt, um sich dann am Morgen wieder von ihm zu lösen.

Auf unserer Zeichnung zur Nachtsituation wurde das

höhere Ich als Stern auf halbem Weg zwischen Einschlafen und Aufwachen angedeutet, das durchlässig gewordene Erden-Ich (Schlangenkopf und Schlangenschwanz) steht kurz vor der Vereinigung mit ihm. Das entspricht der Tatsache, daß ungefähr in der Mitte des Nachtschlafes die Begegnung des Erden-Ich mit dem höheren Ich stattfindet.

Noch der römische Mensch erfaßte in der Gestalt des *«Genius»* etwas von dem Wesen dieses höheren Ich, dem jeder Schlafende begegnet[22]. Geniale Menschen haben nicht selten in den Tag hineintragen können, was sie als Inspiration während der Nacht von ihrem Genius empfangen haben. Aber auch wenn der gewöhnliche Mensch beim Aufwachen die Lösung eines Problems «mitbringt», das er am Abend vorher in den Schlaf mitgenommen hatte, darf man wohl an einen solchen inspirativen Vorgang denken.

Besonders *künstlerische Inspirationen* schöpferischer Persönlichkeiten, die nach dem Erwachen eintreten, weisen auf solche Zusammenhänge hin. *Raffael* z. B. berichtete von einem unvollendeten Madonnenbild, das er, aus dem Schlaf auftauchend, plötzlich vollendet vor sich sah. *Schubert* verdankte dem Schlaf manche Melodie, *Bruckner* einige Symphoniethemen. *Goethe* schöpfte Verse aus dem Schlaf, die er manchmal auch noch in der Nacht hingeschrieben hat. Doch auch der nichtschöpferische Mensch kann nach dem Erwachen künstlerische Erlebnisse haben. Die Welt erscheint ihm am Morgen plastischer, farbiger als am Tag zuvor. Ein anderer erwacht mit einem Farbeindruck oder eine Farbe in der Umgebung leuchtet intensiver auf als am Abend vorher. Man kann mit einer Melodie, einem Klang erwachen oder auch nur in einer Moll- oder Dur-Stimmung, wie man sie aus der Musik kennt. Ein bekannter Vers taucht beim Erwachen auf, der plötzlich in einem neuen Licht erscheint, der neu in einem erklingt.

Alle solche künstlerischen Erlebnisse und Inspirationen deuten darauf hin, daß der Schlafende im Kosmos auch die Sphären der Künste durchwandert und etwas davon am Morgen mitbringen kann. Nicht zuletzt verdanken wir auch jenen Erlebnissen die Erfrischung und Neubelebung, die wir am Morgen empfinden können. Zugleich bildet dieses Geschehen die Grundlage dafür, daß man am Tag einen Sinn für diese oder jene Kunst entwickelt sowie für die Fähigkeit, sie auszuüben[16].

Der Morgen

Das Ich ist in die Glieder und in den unteren Teil des Leibes eingezogen. Die kosmische Inkarnation am Abend ist jetzt wieder zu einer irdischen Verkörperung geworden. Mit dem Erwachen beginnt von dort aus der Abbauprozeß des Bewußtseins. Aber dieser Abbauprozeß ist erst in seinem Beginn. Überlagert wird er im mittleren und oberen Menschen noch von dem Aufbaugeschehen der Nacht, das durch die gestrichelte Linie des im physischen Leib verlaufenden Ich-Kreises angedeutet ist. Im unteren Menschen wird dieser Abbauprozeß – als Komponente der Willenstätigkeit – an sich schon vom Aufbau übertönt.

Nach der Schilderung Rudolf Steiners wirken Ich und Astralleib nach dem Erwachen sogleich im ganzen Organismus. Das Zentrum, von dem ihr Wirken ausgeht, liegt jedoch in der Willensregion. Das Ich hat daher morgens einen vor-

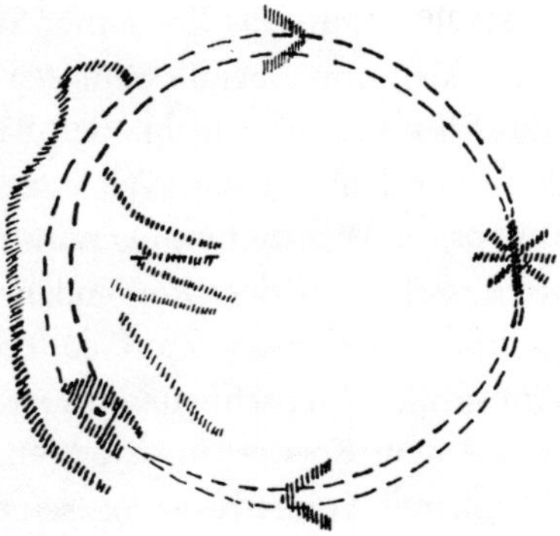

wiegend wollenden Charakter. Der Mensch will am Morgen den Tag gestalten, der sich ihm aus der Morgendämmerung seines erwachenden Bewußtseins herausplastiziert. In der Abenddämmerung wurde er mit seinem eigenen leiblichen und seelischen Innensein verbunden, am Morgen enthüllt sich ihm die Außenwelt. Weil das Ich in die Kopfregion nur seine Auswirkungen sendet, selbst aber nicht als Zentrum dort lebt, entsteht Distanz demgegenüber, was das in der Welt lebende, wahrnehmende Ich aus der Welt an den spiegelnden Kopf heranträgt. Die Gegenstände werden scharf und bewußt wahrgenommen. Auch das wache Denken des Vormittags, das die Ziele für das Wollen bestimmt, läßt die Distanzierung des Kopfes erkennen. Aus der Willenssphäre erhält dieses Denken dann eine aktiv zugreifende Note. In dieser Form richtet es sich besonders auf die Erfassung von Einzelheiten, im Unterschied zum abendlichen Denken, das mehr den Überblick über größere Zusammenhänge erstrebt.

Mit der Gestalt des *Prometheus* hat *Goethe* (in der «Pandora») das Urbild des einseitigen Morgenmenschen gezeichnet. Von der Schaffenskraft des Morgens ist der Titan den ganzen Tag hindurch erfüllt; das Rot seiner Schmiede leuchtet vom Morgen bis zum Abend. Sein Ich ist durch das Willensfeuer des Stoffwechsel-Gliedmaßen-Systems mit der Welt verbunden, von dem auf die Welt gerichteten wachen Sinnen empfängt es die Wahrnehmungen und Vorstellungen für sein Schaffen. Schon in der Morgendämmerung seines Bewußtseins glüht das Willensfeuer auf, das er von der Sonne geraubt hat. Am großen Menschheitsmorgen ist durch diese Gestalt das Ich aus dem Kosmos in den Menschen eingezogen. – War der ruhende Epimetheus von seinem Haupte aus ganz der Vergangenheit zugekehrt, so ist der von unten zur Welt sich erhebende prometheische Willensmensch ganz von Zukunft erfüllt.

Jeder erwachende Mensch kann das Einziehen von Ich und Astralleib in seine Glieder zu spüren bekommen, und zwar bevor er die ersten Wahrnehmungen von der Welt hat. Besonders deutlich wird das Einziehen erlebt, wenn es ruckweise geschieht, weniger deutlich, wenn es sich in einem Spannungs- und Wärmegefühl der Glieder anzeigt. Gegenüber dem Erlebnis des Verschwimmens und Schwimmens beim Einschlafen empfindet der Erwachende seinen Leib dabei als hart werdend: Nun muß sich der Ätherleib wieder den formenden Bewußtseinsvorgängen von Ich und Astralleib unterordnen.

Die Anspannung und erste Bewegung der Glieder hat *Michelangelo* in der Gestalt des *Morgens* dargestellt. Das Haupt erhebt sich aus den Wogen des Leibes, die am Haupt und am Arm, der es stützt, zerbrechen. Im Gesicht lebt der Schmerz des Erwachens, den die Seele empfinden kann, wenn ihr nach dem kosmischen Gelöstsein der Nacht die Härte ihrer neuen Verleiblichung zum Bewußtsein kommt.

Die Gestalt des *Tages* hat dann das wach blickende Antlitz ganz der Welt zugekehrt. Der kraftvoll gelagerte Leib hat schon etwas geleistet und ist wieder zur nächsten gezielten Bewegung bereit. Glieder und Rumpf sind voll vom Ich durchdrungen, das im Gleichgewicht zwischen gelöst-bedenkender und willenshaft spannender Tätigkeit lebt. Über der Schulter thront das Haupt, dem das Ich auf seiner Tageswanderung zustrebt[23].

Auf unserer ersten Zeichnung, welche die Situation des Tages wiedergab, wurde das Erden-Ich in der Mitte des Leibes angedeutet. Damit wurde auf die Mitte zwischen Abend und Morgen hingewiesen, die bei einem Wachzustand von 7 Uhr morgens bis 11 Uhr abends am Nachmittag liegt. Es kann besonders in jener Zeit vom Gefühlsbereich aus eine relative Harmonisierung der Abend-Morgen-Polarität zustande kommen.

Störungen beim Aufwachen und Einschlafen

Im folgenden sollen zwei Hauptgruppen dieser Störungen ins Auge gefaßt werden, die sich aus der menschenkundlichen Polarität von oben-unten ergeben.

Das schmerzvolle Erwachen, wie es *Michelangelo* in der Gestalt des Morgens dargestellt hat, kann in seiner Steigerung Ausdruck davon sein, daß Ich und Astralleib beim Eintauchen in den physischen Leib behindert werden. Beim schmerzvollen Erwachen der *endogenen Depression* z. B. bestehen die Hindernisse in feinen Verdichtungen innerhalb des Leber- und Gallensystems, die in dieser Form nicht zu physischem, sondern zu seelischem Schmerz führen. Es entsteht das bekannte, diagnostisch wichtige Symptom des Aufwachens gegen 3 Uhr, dem Zeitpunkt, an dem Ich und Astralleib beginnen, sich wieder von den Gliedern her mit dem Leber-Gallensystem zu verbinden und dessen Absonderungsvorgänge anzuregen[24]. Dabei kann es sich jedoch noch nicht um das endgültige Eintauchen von Ich und Astralleib selber handeln, das ja erst am Morgen stattfindet und dann zum gesunden Erwachen führt, sondern mehr um ein Vortasten jener beiden Wesensglieder. (Entsprechend dem Vortasten der sich verstärkenden kosmischen Einstrahlung, das schon am Nachmittag gegen 15 Uhr vom Stoffwechsel-Gliedmaßen-System aus einsetzt und die nächtliche Aufbauphase einleitet. Es erhebt sich die Frage, ob diese beiden Zeitpunkte nicht auf einen ursprünglichen, kosmischen Atemrhythmus von Schlafen und Wachen hinweisen, von dem sich das Ich später emanzipiert hat.)

Wenn nun das Vortasten um 3 Uhr auf ein Hindernis trifft, so erwachen Ich und Astralleib daran. Werden sie dann mit dem Hindernis nicht fertig, d. h. bleiben sie im Ringen mit dem Hindernis stecken, so kommt es zu einem Zwischenzustand zwischen Wachen und Schlafen, zu einem schmerzvollen Dämmerzustand des Gemütes, bei dem das Bewußtsein nicht durch Lockerung, sondern durch die irdische Verdichtung in seiner Zuwendung zur Welt behindert, der Wille in seiner Entfaltung gelähmt wird. Ein solcher Zustand kann sich beim endogen-depressiven Kranken bis weit in den Tag hinein, ja bis zum Abend erstrecken. Spätestens am Abend findet meistens eine Aufhellung, d. h. ein weitergehendes Erwachen statt. Man diagnostiziert die typische Tagesschwankung der endogenen Depression, bei der sich die Nachtphase mit ihrem Zurücktreten aller Absonderungen in den Tag hineindrängt. Die Umnachtung des Gemütes läßt eine organische Grundlage erkennen.

Das Ich, das im unteren Organismus festgehalten wird, kann sich dabei nicht oder nur mit Verzögerung für seine Tageswanderung freimachen. Die Wanderung unterbleibt daher, oder sie erfolgt verzögert. Am Abend ist das Ich noch nicht im Kopf angelangt, es kann sich u. U. jetzt erst von unten willenshaft der Welt zuwenden. Aus dieser Situation heraus ist die Einschlafstörung des depressiven Menschen zu verstehen: Das Ich kann sich nicht aus dem Kopfbereich lösen, da es noch nicht oder nur kurze Zeit dort gelebt hat. Es brauchen daher nicht nur depressive Vorstellungen zu sein, die das Einschlafen des Kranken stören. Der Kranke kann, wenn seine Depression sich abends aufgehellt hat, aus seinem gerade erst begonnenen Wachzustand heraus, naturgemäß nicht in den Schlaf finden. Hier knüpft dann der *therapeutische Schlafentzug* an. Man läßt ein- bis zweimal wöchentlich den Kranken die ganze Nacht hindurch tätig sein, d. h. man engagiert das Ich weiter in der günstigeren Abendsituation. Am Morgen fühlt sich der Patient müde, aber weniger depressiv. Das kann der Anstoß für eine Besserung sein und den Weg für die eigentliche Therapie freimachen.

Die oben geschilderte Störung des Aufwachens und Einschlafens ist am stärksten bei Kranken, deren Stoffwechselpol betont ist, wie beim Pykniker. In geringeren Graden kommt sie auch bei nichtdepressiven und nichtpyknischen Menschen vor. Das ist schon auf Grund der heute so häufigen Leberfunktionsstörungen zu verstehen.

Die dazu polare Störung findet man, wenn der Stoffwechsel mit seinen Organen zu wenig ausgebildet ist und sich daraus ein krankhafter Zustand entwickelt. In einem solchen neurasthenisch geformten und erkrankten Organismus haben Ich und Astralleib zu wenig zu durchdringen, die dünnen Glieder, die schmalen Organe des Stoffwechsels werden von ihnen zu leicht und zu schnell durchwandert. Während sich bei der vorher beschriebenen Störung die Situation der Morgendämmerung in den Tag hineinschob, wird jetzt die abendliche Situation teilweise schon am Morgen erreicht. Beim *nervösen Neurastheniker* stoßen Ich und Astralleib mehr oder weniger schon am Morgen bis zum Kopf vor: Der Mensch ist schon morgens müde. Den Tag über lebt er dann vorzugsweise vom Kopf her und ist so den nervös machenden Eindrücken des Tages zu sehr ausgeliefert.

Wird am Morgen das Hindernis vermißt, so wird auch der Neurastheniker nicht recht wach, diesmal aber nicht, weil Ich und Astralleib im Ringen mit dem Hindernis steckenbleiben, sondern weil sie zu wenig am physischen Leib anstoßen. Es kann jedoch auch die Wachheit des Nervensystems am Morgen wie selbstverständlich sich einstellen, und nur das willenshafte Gestalten des Tages leidet Not.

Das Einschlafen des Neurasthenikers kann dadurch gestört sein, daß die Fülle der zu wenig verarbeiteten Tageseindrücke den Menschen bis in den Schlaf hinein verfolgt. Nun hält der Kopf – nicht das Stoffwechselorgan – vom Schlaf zurück. Man kann den Eindruck haben, daß Ich und Astralleib, die vom unteren und mittleren Leib zu wenig erlebt haben, sich nun dafür am Kopf festklammern. Da sie von der Schlafregion des Organismus zu wenig erfuhren, bekommen sie auch kein Verhältnis zum Schlaf selbst. Unter Umständen haben solche Menschen eine ausgesprochene Angst vor dem Einschlafen, wogegen depressive Menschen schon beim Einschlafen Angst vor dem Wiederaufwachen empfinden können.

An der neurasthenischen Schlafstörung, die als typisch am asthenisch gebildeten, neurasthenisch lebenden Organismus zu studieren ist, leiden heute viele Menschen, auch wenn sie nicht jene konstitutionelle Verfassung als Grundlage haben. Das bringt schon unsere Zivilisation mit sich, welche einseitig das Nerven-Sinnes-System anspricht und zur Überfunktion anregt.

Behandlung von Schlafstörungen

Die medikamentösen und seelischen Maßnahmen bei der Behandlung der geschilderten Aufwach- und Einschlafstörungen können gleichfalls auf dem Hintergrund der täglichen und nächtlichen Ich-Wanderung gesehen werden, was zu neuen Einsichten in ihre Wirkungsweise führt. Hierfür seien zunächst auf der Ebene der *Medikamente,* die in allen schwereren Fällen die Grundlage der Behandlung bilden, einige Beispiele angeführt[25].

Gilt es, wie bei der endogenen Depression, die Hindernisse im Leber-Gallensystem zu überwinden, so kommen besonders *Magnesium* und *Eisen* in Frage. Eisen regt speziell die Überwindung der Stauungen im Gallengebiet an, Magnesium hilft, die Stauungen im ganzen Leber-Gallensystem zu lösen. Beide wirken schon dadurch heilend auf die Lähmung der Willenskraft. Diese und andere Mittel sind also zugleich Schlafmittel, d. h. Medikamente für den der Schlafstörung zugrunde liegenden Krankheitsprozeß. Eine nach der Ursache der Schlafstörung suchende Diagnostik sollte am Anfang jeder Therapie von Schlafstörungen stehen.

Die Bildung und Verdichtung der zu schwach entwickelten Stoffwechselorgane, wie sie die neurasthenische Schlafstörung bedingen, werden durch *Silber* und *Antimon* grundlegend gefördert. Silber allerdings steht oft auch am Anfang der oben geschilderten Depressionsbehandlung, indem es den Lebensleib aufnahmefähig für die andern Medikamente werden läßt. Als Substanz, die mit Wirkungen des Mondes in Zusammenhang steht, hat Silber außerdem eine Beziehung zur Mondensphäre, d. h. zum Übergang von der Erde in die Sternenweiten des Kosmos, zu denen sich der Schlafende erhebt.

Eine besondere Beziehung zum Ich, das in den Leib eintauchen und aus dem Leib sich lösen will, hat der *Phosphor*. Im Kosmos zu Hause, ist er in vielen chemischen Verbindungen heimisch auf der Erde geworden; als reine Substanz strebt er brennend in den Kosmos zurück. Als Medikament in geringer Verdünnung verinnerlicht er das Feuer des Kosmos und impulsiert so das Ich, aus den kosmischen Weiten in das Stoffwechsel-Gliedmaßen-System sich einzugliedern. Auf diese Weise regt diese prometheische Substanz den Willensprozeß des Morgens an und fördert das gehemmte Aufwachen des depressiven Menschen. Durch Anregung der Ich-Inkarnation am Willenspol hilft jedoch Phosphor auch dem Neurastheniker, der zu wenig Beziehung zu jenem Wesenspol hat. In hoher Verdünnung, die an sich schon auf den Kopf wirkt, unterstützt der Phosphor das Ich, wenn es sich aus der Hauptesregion lösen will. Durch die hohe Potenz wird die kosmische Verwandtschaft des Phosphors angesprochen, das Ich empfängt durch diese Phosphorpotenz den Impuls, sich wieder in den Kosmos zu erheben. Am Abend gegeben, ist daher Phosphor in dieser Form ein grundlegendes Einschlafmittel.

Den rhythmischen Atmungsprozeß des Ich selbst und damit auch ein gesundes Einschlafen und Aufwachen regt das Gold an. *Gold* in höherer Potenz fördert die «Ausatmung» des Seelisch-Geistigen, wenn es, wie bei der Depression, bei der Schwermut im leiblichen Gebiet gefangen ist. In tiefer Potenz vermittelt Aurum dem Seelisch-Geistigen die Schwere des Irdischen, die bei der Neurasthenie noch nicht erreicht, bei Übermut der Manie wieder verlorengegangen ist. Durch eine tiefe Aurumpotenz wird die «Einatmung» von Ich und Astralleib in den physischen Leib gefördert.

Die erste der *seelisch-geistigen Heilmaßnahmen* für ein gesundes Einschlafen und Aufwachen besteht in der Vermittlung solcher Inhalte, wie sie hier skizziert wurden. Wer mit solchen Inhalten lebt, der kann eine neue Beziehung zum Schlaf und dadurch einen besseren Schlaf bekommen. Er entwickelt wieder ein Gefühl für die «Heiligkeit des Schlafes»[26]. Darüber hinaus kann er auf diese Weise jedoch auch mehr Sicherheit für die Wanderung durch den Kosmos selbst gewinnen. Im übrigen sei in diesem Zusammenhang noch auf die beiden letzten Kapitel verwiesen.

Folgende zwei Übungen sind besonders charakteristisch für die hier geschilderten Aspekte. Die *Rückschau* vor dem Einschlafen[27], die, in ruhiger Distanz geübt, am Abend beginnen, am Morgen endigen soll, hilft dem Neurastheniker, von den Eindrücken des Tages und damit vom Kopf selbst sich zu lösen. Sie unterstützt aber dadurch auch das Einschlafen des Depressiven. Die Richtung nach rückwärts fördert die Aktivität des Ich, wenn es sich aus dem Kopf zum Kosmos erheben will. Nicht zuletzt ist die Rückschau von Bedeutung für die geschilderte Rückwanderung von Ich und Astralleib während des Schlafes. Die epimetheische seelische Rückwendung zur Vergangenheit wird bei dieser Übung aktiv vom Ich herbeigeführt.

Im selben Sinn wirkt eine solch einfache, das Einschlafen fördernde Übung der *Heileurythmie,* wie das Rückwärtsschreiten. In der A-Bewegung, die, wenn möglich, damit verbunden werden sollte, öffnet sich dabei der physische Leib und Ätherleib für das Einziehen der kosmischen Einstrahlung von Ich und Astralleib beim Einschlafen.

Die *Vorschau* auf den kommenden Tag, die am Morgen durchgeführt werden sollte, hat prometheischen Charakter. Die Rückschau befreit das Denken, die Vorschau impulsiert den Willen. So ist letztere eine Hilfe für den Aufwachprozeß des depressiven Stoffwechselmenschen wie des Neurasthenikers. Sie führt nicht zur Distanz wie die Rückschau, sondern zur Vereinigung mit der Welt im Tun: Mit der Vorsatzbildung, die aus dieser Übung hervorgeht, wird die Tat in keimhafter Form schon vorweggenommen. Wird bei der Rückschau oft ein Zuwenig an Distanz erreicht, so muß man sich bei der Vorschau vor einem Zuviel an Vorsätzen hüten. Es schwächt den Willen, wenn man sich zuviel vornimmt und das Vorgenommene dann nur zum Teil oder gar nicht ausführt.

Vom Quellort des Ich-Rhythmus

Der Quellort aller rhythmischen Vorgänge des menschlichen Organismus liegt in seiner Mitte. Die Einatmung der Luft in der Lunge, des Blutes in der Diastole des Herzens läßt, wie wir sahen, den Stoffwechselpol des Organismus anklingen. Durch die Ausatmung der Luft in der Lunge, des Blutes in der Systole des Herzens, wird der Kopfpol «angetönt». Jede Einatmung leitet ein kleines morgendliches Erwachen ein, insofern sich Ich und Astralleib wollend mit dem unteren Menschen verbinden, in jeder Ausatmung wird es für einen Augenblick Abend: Ich und Astralleib lösen sich gegen den Kopf zur freieren Tätigkeit des Vorstellens. Überläßt man sich entspannt dem Ausatmungsstrom, so kann dies das Einschlafen vorbereiten, während eine intensiv erlebte (nicht forcierte) Einatmung das Wachwerden fördert.

Die Einatmung und Ausatmung des Lungenorgans selbst bildet nur den Anfang und das Ende jenes Geschehens. Zwischen beiden Vorgängen wird durch Diastole und Systole vom Herzen Inkarnation und Exkarnation rhythmisch zusammengefaßt. Das *Herz* bildet so die Mitte der Mitte, in der am zentralsten oben-unten und innen-außen sich begegnen. Erblicken wir daher im Ich den eigentlichen Kraftquell des Schlaf-Wach-Rhythmus, so finden wir schon von hier aus zum Herzen als zum Quellort jenes Geschehens.

Jedoch auch das höhere Ich hat eine unmittelbare Herzbeziehung. Die Mitte des Organismus, des ganzen Menschenwesens ist nicht nur bedeutungsvoll für die Vereinigung und Harmonisierung der Pole. Nicht nur eine indirekte Verbindung zum *höheren Ich,* das von oben und unten in den Organismus einstrahlt, durchströmt das Herz. Durch das Herz greift den ganzen Tag hindurch das höhere Ich unmittelbar in das Erdenleben ein und macht «das sinnliche Selbst zu seinem Werkzeug»[28]. Diese Verbindung zwischen höherem Ich und der Mitte des Menschen ist die ursprüngliche und kann in der Zukunft wieder intensiviert werden.

Wenn uns «das Gewissen schlägt», können wir durch unser Herz die Stimme unseres höheren Ich vernehmen, die uns den wahren Charakter unseres vergangenen und zukünftigen Tuns erkennen läßt. Bewegen wir etwas «im Herzen», so kann ein Impuls in uns erwachen, durch den das höhere Ich unser Leben gestaltet. Durch das Herz, das als zentrales rhythmisches Organ zugleich ein Zeitorgan ist, verkündet uns das höhere Ich auch das: «Es ist an der Zeit». So können wir uns auch vorstellen, daß unser höheres Ich durch das Herz den Rhythmus von Schlafen und Wachen impulsiert und lenkt. Durch das Herz ruft uns das höhere Ich im Schlaf zu sich und entläßt uns wieder im Erwachen. Letzten Endes ist so die Ich-Atmung eine Atmung des höheren Ich: Beim Einschlafen beginnt das höhere Ich das Erden-Ich in sich einzuatmen, beim Aufwachen hat es das Erden-Ich wieder ausgeatmet – in den physischen Leib hinein.

In der Dämmerung des Abends, beim heutigen Menschen meist in die Nacht hinein verschoben, strömen die Erinnerungen an den Tag durch das traumhafte Bewußtsein des mittleren Menschen und werden im Haupt bewußt. Ihnen gesellt sich bei die Mahnung des Herzens, daß es nun an der Zeit sei, sich auf den vergangenen Tag zu besinnen und an die Vorbereitung des Schlafes zu denken. Der Ruf des Herzens zur Sammlung, zum Gebet, zur Meditation, der vielen Menschen ein besseres Einschlafen ermöglichen könnte, wenn sie ihn beherzigen würden, geht letzten Endes vom höheren Ich aus.

Im Zeichen des Herzens und des höheren Ich, das am meisten von allen Wesensgliedern in Verbindung mit seinem Urbild, dem Christus lebt, kann der Mensch nach dem Einschlafen und vor dem Aufwachen *Christus* begegnen. Die Angst vor der Auflösung nach dem Einschlafen kann auch auf eine heutzutage ganz reale Gefahr hindeuten, die dann durch Christus gebannt wird: Die Verbindung mit ihm kann dem Menschen helfen, auch nach dem Einschlafen seine Ich-Einheit zu bewahren, die heute tags und nachts bedroht ist[29].

Braucht der Einschlafende *Vertrauen,* das er am zentralsten durch eine Verbindung mit Christus entwickeln kann, so benötigt der Aufwachende *Mut.* Es ist ja an sich schon nicht selbstverständlich, aus dem kosmischen in das irdische Sein zurückzufinden, und die heutige Welt hat sicher die erneute morgendliche Inkarnation dem Menschen nicht leichter gemacht; persönliche Schicksale am Tag und nächtliche Gewissensnöte können sie noch mehr erschweren. Hier ist von besonderer Bedeutung die Christusbegegnung vor dem Aufwachen. Zu dem Herzensvertrauen gegenüber dem Einschlafen gesellt sich der Herzensmut beim Erwachen. Er ist Ausdruck der Liebe zur Erde, die das höhere Ich zu seinem Einstrahlen in den irdischen Leib und in die irdische Welt impulsiert.

Ausklang und Ausblick

In den folgenden zwei Gedichten[30] sei das vertrauensvolle Einschlafen vom Haupte aus und das mutvolle Aufwachen in den Gliedern noch einmal vom Herzen aus beschworen.

Bitte beim Einschlafen

Aus dem Hügel meines Hauptes
Laß es sprießen, hohe Nacht,
Daß zur Fülle sich entfalte,

Was ich karg am Tag erdacht!

Kelch voll Leid aus meinem Herzen,
Nimm ihn, Nacht, zu dir empor,
Bis mein Stern ihn ganz ergründet,
Bis die Freude blüht hervor!

Bitte beim Erwachen

Aus dem Strahlen, aus dem Strömen
Trage, Tag, mich an das Land,
Daß ich neu die Glieder rege,
Noch von nächtiger Schau gebannt!

Neige dich bedrängtem Herzen,
Bis ihm neu der Mut entfacht,
Dir zu opfern, daß es reife,
Was erblüht in seiner Nacht!

Bei dem Bild des Ich-Kreises wurde schon vermerkt, daß dieser Kreis sich im Leben mit anderen Ich-Kreisen berührt und durchdringt. Sternstunden menschlicher Begegnungen können daraus entstehen. Während des Schlafes, wenn wir die Sternensphären durchmessen, finden solche Begegnungen in gesteigerter Form statt. Nur im Schlaf sind wir ja unserer Natur nach «soziale Wesen». Im wachen Zustand müssen wir zunächst unsere isolierenden «antisozialen Triebe» überwinden[31], damit der notwendigerweise zunächst sich abschließende Ich-Kreis zum ausstrahlenden *Lichtkreis* werden kann. Im Schlaf erleben wir das Urbild dieses Lichtkreises und seiner Vereinigung mit den Lichtkreisen anderer schlafender Menschen. Und so wie das Erleben der Nächte das Seinsgefühl des eigenen Ich stärkt, so können nächtliche Begegnungen das

Seinsgefühl für das Erleben des anderen Ich verstärken, das uns am Tag zunächst blaß und unwirklich erscheinen mag.

Folgendes Gedicht von *Christian Morgenstern*[32], das auch das Vertrauen beim Einschlafen anzuregen vermag, bringt etwas von diesen Zusammenhängen zum Ausdruck.

Abendweise

Wunder-voller Hain der Nacht,
Den wir Tag um Tag betreten,
Drinnen Tag um Tag wir beten,
Zueinander tief erwacht.

Wölbe deiner Wipfel Pracht
Über unserm stillen, steten
Opfer, aus emporgewehten
Seelenflammen fromm gebracht!

Zum Wesen des Ich, insbesondere des höheren Ich, gehört auch der Wille zur *Entwicklung.* Schlafen und Wachen dienen nicht nur der Tätigkeit im irdischen und der Erkraftung im kosmischen Sein. Das höhere Ich strebt durch jeden 24-Stunden-Rhythmus einen kleinen Fortschritt in der seelischen Entwicklung an. Was am Abend bedacht, durch die Nacht bewegt wurde, das sollte am Morgen so den Willen impulsieren, daß der Mensch in irgendeiner Hinsicht während des Tages ein Stück weiterkommt. Sicher wird hier der fortschreitende Rhythmus oft durchbrochen, und sicher kommt es auch zu Rückschritten. Um so stärker jedoch kann danach die Gewissensstimme des höheren Ich erklingen. Im Bilde gesehen, gehört es zu den Intentionen des höheren Ich, daß der Ich-Kreis kein Kreis bleibt, sondern sich zur *Spirale* wandelt.

Ein solches Ziel gilt es, zunächst ins Auge zu fassen. Denn:

Wer vom Ziel nicht weiß,
Kann den Weg nicht haben,
Wird im selben Kreis
All sein Leben traben.

Chr. Morgenstern[33]

Das sternhafte Sein des höheren Ich, des «guten Sternes», unter dem jeder Mensch steht, will sich allmählich dem durch Kosmos und Erdenleib wandernden Erden-Ich einprägen. Das Erden-Ich will selbst zum Stern werden, der tags im Leib untergeht und nachts aus ihm aufgeht. Und dieses Untergehen und Aufgehen kann auf immer höheren Ebenen erfolgen.

Steigt hinan zu höheren Kreisen,
Wachset immer unvermerkt!

Diese Worte des Pater Seraphicus am Ende von *Goethes Faust* können auch für den Rhythmus von Schlafen und Wachen gültig werden. Sie weisen dann auf das oft unvermerkte seelisch-geistige Wachsen des Menschen hin, das jener Ich-Rhythmus von Nacht zu Nacht, von Tag zu Tag in ihm anzuregen vermag.

Literatur

1 R. Steiner: Die Geheimwissenschaft im Umriß. Kapitel «Die Weltentwicklung und der Mensch». GA 13.

2 R. Steiner: Die Brücke zwischen der Weltgeistigkeit und dem Physischen des Menschen. 1. Vortrag. GA 202.

3 R. Steiner: Irdische und kosmische Gesetzmäßigkeiten. In: Menschenwerden, Weltenseele und Weltengeist I. GA 205.

4 R. Steiner: Über den Rhythmus der menschlichen Leiber. In: Geisteswissenschaftliche Menschenkunde. GA 107.

5 R. Steiner: Anthroposophische Leitsätze. Leitsätze 32-34. GA 26.

6 R. Steiner: Der unsichtbare Mensch in uns. In: Erdenwissen und Himmelserkenntnis. GA 221.

7 R. Steiner: Anthroposophische Grundlagen für die Arzneikunst. In: Physiologisch-Therapeutisches auf Grundlage der Geisteswissenschaft. GA 314.

8a R. Treichler: In: Fr. Husemann/O. Wolff: Das Bild des Menschen als Grundlage der Heilkunst. Bd. II, 2, S. 918. Stuttgart 1978. (Neue Auflage 1985.)

8b Das Bild des Menschen . . . S. 882.

9 R. Steiner: Geisteswissenschaft und Medizin. 18. Vortrag. GA 312.

10 R. Steiner: Geisteswissenschaftliche Gesichtspunkte zur Therapie. 2. Vortrag. GA 313.

11 R. Steiner: Das Ich als Bewußtseinserlebnis. In: Menschenwerden, Weltenseele und Weltengeist II. GA 206.

12 R. Steiner: Die Philosophie der Freiheit. Kap. V. GA 4.

13 R. Treichler: Der schizophrene Prozeß. 2. Aufl. Stuttgart 1981. S. 28 ff.

14 R. Steiner: Die Kunst des Heilens vom Gesichtspunkt der Geisteswissenschaft. In: Geisteswissenschaftliche Menschenkunde. GA 107.

15 R. Steiner/I. Wegman: Grundlegendes für eine Erweiterung der Heilkunst nach geisteswissenschaftlichen Erkenntnissen. Kap. V. GA 27.

16 R. Steiner: Das Hereinwirken geistiger Wesenheiten in den Menschen. 11. Vortrag. GA 102. Zum Wirken der Wesensglieder vgl. R. Teichler: Die Entwicklung der Seele im Lebenslauf. Stufen,

Störungen und Erkrankungen des Seelenlebens. 2. Aufl. Stuttgart 1982.

17 R. Steiner: Esoterische Betrachtungen karmischer Zusammenhänge. Bd. V., 15. Vortrag. GA 239.

18 R. Steiner: Bausteine zu einer Erkenntnis des Mysteriums von Golgatha. 5. Vortrag. GA 175.

19 R. Steiner: Das Leben zwischen dem Tode und der neuen Geburt im Verhältnis zu den kosmischen Tatsachen. 4. Vortrag. GA 141.

20 R. Steiner: Bausteine zu einer Erkenntnis des Mysteriums von Golgatha, 5. Vortrag. GA 175.

21 R. Steiner: Bausteine . . . 3. Vortrag.

22 Fr. Husemann: Der Mensch und sein Genius. S. 3 ff. Buchenbach 1962.

23 Zur Beziehung der vier Gestalten des Mediceer-Grabmals Michelangelos zu den vier Wesensgliedern vgl. Anmerkung 19, S. 23 ff.

24 G. Wachsmuth: Erde und Mensch. S. 377 ff. Konstanz 1952 und R. Treichler, in: Das Bild des Menschen . . . II, 2, S. 898.

25 Vgl. die entsprechenden Kapitel in: Das Bild des Menschen . . . II, 2.

26 R. Steiner: Bausteine zu einer Erkenntnisse des Mysteriums von Golgatha. 3. Vortrag.

27 R. Steiner: Die Geheimwissenschaft im Umriß. Kapitel «Die Erkenntnis der höheren Welten».

28 R. Steiner: Wie erlangt man Erkenntnisse der höheren Welten? Kapitel «Veränderungen im Traumleben». GA 10.

29 R. Steiner: Die verborgenen Seiten des Menschendaseins und der Christusimpuls. In: Geistige Zusammenhänge in der Gestaltung des menschlichen Organismus. GA 218.

30 Aus: R. Treichler: Rose der Jahre. Basel 1982.

31 R. Steiner: Die soziale Grundforderung unserer Zeit. 4. Vortrag. GA 186.

32 Aus: Einkehr.

33 Aus: Wir fanden einen Pfad.

Weitere Schriften von Rudolf Treichler

Die Entwicklung der Seele im Lebenslauf

Stufen, Störungen und Erkrankungen des Seelenlebens.
2. Auflage, 318 Seiten, Leinen.

Aus dem Inhalt: Grundlegendes zum menschlichen Lebenslauf / Entwicklungsstufen des Seelenlebens / Entwicklungsstörungen des Seelenlebens / Neurose und Psychose als Entwicklungsgeschehen / Psychiatrische Krankheitsbilder im Lebenslauf / Künstlerische Therapie und Wesensglieder / Seelische Entwicklung und geistige Schulung.

Vom Wesen der Epilepsie

2. vollständig überarbeitete Auflage, 67 Seiten.
Menschenwesen und Heilkunst 1.

Aus dem Inhalt: Vom Erscheinungsbild der Epilepsie / Epilepsie und Konstitution / Epilepsie und Wesensglieder / Epilepsie und Organe / Der epileptische Prozeß / Das betroffene Organ / Epilepsie und Altersstufe / Kindliche Epilepsie und Organe / Epilepsie und Menschheitsentwicklung / Zur Therapie der Epilepsie / Zum Schicksalsaspekt der Epilepsie.

Der schizophrene Prozeß

Beiträge zu einer erweiterten Pathologie und Therapie.
2. vollständig überarbeitete Auflage, 224 Seiten.
Menschenwesen und Heilkunst 7.

Aus dem Inhalt: Krankengeschichte / Seelische Phänomene / Organische Grundlagen / Schizophrenie und Organe / Schizophrenie und Lebensweg / Der schizophrene Prozeß und der Mensch / Schizophrenie und Wiederverkörperung / Ausblick auf eine Vorbeugung und Behandlung der Schizophrenie / Ein mythologisches Bild für den schizophrenen Prozeß.

VERLAG FREIES GEISTESLEBEN

Studien und Versuche

1 **Wege und Irrwege in die geistige Welt – Yoga – Autogenes Training**
Von *Friedrich Husemann.*
3. Auflage, 39 Seiten, kartoniert

2 **Meditation als Erkenntnisweg – Bewußtseinserweiterung mit der Droge**
Von *Walther Bühler.*
4. Auflage, 55 Seiten, kartoniert

4 **Die Pflanze als Lichtsinnesorgan der Erde**
Von *Gerbert Grohmann.*
2. Auflage, 60 Seiten, kartoniert

6 **Von dem ätherischen Raum**
Von *George Adams.*
2. Auflage, 59 Seiten, kartoniert

7 **Naturwissenschaften an der Schwelle**
Von *Hans Börnsen.*
37 Seiten, kartoniert

8 **Shakespeares «Kaufmann von Venedig»**
Von *W. F. Veltmann.*
29 Seiten, kartoniert

9 **Idee und Denken**
Beiträge zum Verständnis der Philosophie des deutschen Idealismus.
Von *Berthold Wulf.*
51 Seiten, kartoniert

12 **Symbol und Metamorphose in Goethes «Stella»**
Von *Andreas Amwald.*
40 Seiten, kartoniert

13 **Die vier Äther**
Zu Rudolf Steiners Ätherlehre.
Von *Ernst Marti.*
3. Auflage, 47 Seiten, kartoniert

14 **Der Impuls von Lérins**
Spuren eines johanneischen Christentums im 4. Jahrhundert.
Von *Ida Stümcke* u. *Gérard Klockenbring.*
65 Seiten, kartoniert

15 **Die Technik des Bösen**
Zur Vorgeschichte und Geschichte des Nationalsozialismus.
Von *Christoph Lindenberg.*
2. Auflage, 110 Seiten, kartoniert

16 **Die Rettung des Denkens**
Exkurse über mathematische, physikalische und kybernetische Grundbegriffe.
Von *Georg Unger.*
68 Seiten, kartoniert

17 **Die Kunst des Rechts**
Zur Sozialästhetik des öffentlichen Lebens.
Von *Günter Röschert.*
74 Seiten, kartoniert

18 **Literatur und Geschichte**
Über die Kunst, das Vergangene als künftig zu denken.
Von *Manfred Krüger.* 69 Seiten, kartoniert

20 **Das Leben der Seele zwischen Überbewußtsein und Unterbewußtsein**
Elemente einer spirituellen Psychologie.
Von *Georg Kühlewind.*
92 Seiten, kartoniert

21 **Ethik und Mathematik**
Intuitives Denken bei Cantor, Gödel, Steiner.
Von *Günter Röschert.*
92 Seiten, kartoniert

22 **Schlafen und Wachen**
Vom rhythmischen Leben des Ich.
Von *Rudolf Treichler.*
48 Seiten, kartoniert

23 **Wladimir Solowjoff und die «werdende Vernunft der Wahrheit»**
Keime zu einer Philosophie des Geistselbst.
Von *Heinz Mosmann.*
120 Seiten, kartoniert

25 **Die Goetheanumbauten in Dornach**
Aspekte einer konkreten Architektur.
Von *Michael Bockemühl.*
70 Seiten, mit zahlreichen Abb., kartoniert

VERLAG FREIES GEISTESLEBEN